Zhan Zhuang
Stehen wie ein Pfahl

Zhan Zhuang

Stehen
wie ein Pfahl

Daoistische Meditation

von Yürgen Oster

Bibliografische Information der Deutschen Nationalbibliothek Die Deutsche Nationalbibliothek
verzeichnet diese Publikation in der Deutschen
Nationalbibliografie; detaillierte bibliografische
Daten sind im Internet über www.dnb.de abrufbar.

Herstellung und Verlag:
BoD – Books on Demand, Norderstedt
ISBN 9783748151500

Alle Yi Jing Zitate sind der Übertragung von Gia Fu
Feng, deutsch von Sylvia Wetzel, entnommen. Neu
herausgegeben von Yürgen Oster, BoD 2014.
Alle Bilder, wenn nicht anders angegeben,
© Yürgen Oster

Inhalt

Vorhersage

Des Menschen Geist mag Klarheit,
aber Gedanken stören ihn.
Des Menschen Herz sehnt Ruhe,
aber die Wünsche verwirren es.
Wer sein Verlangen bändigt, dessen Herz findet
Ruhe.
Wer seine Gedanken klärt, dessen Geist wird rein.

Qing Jing Jing 清靜經[1]

Und wenn nun alles, was ich hier schreibe wahr ist und richtig, so kommst du um die persönliche Erfahrung nicht herum. Auch wird alles nichts wert sein, wenn man glaubt, ohne einen Lehrer auskommen zu können. Ich bin nun fast 70 Jahre alt und praktiziere die Kultivierung seit über 40 Jahren. Heute noch habe ich den jungen Mann gesehen, der mir vor über 10 Jahren die ersten Schritte im Wudang Taijiquan beigebracht hat. Wie schnell und präzise er in seinen Bewegungen ist. Wie herrlich zu sehen.

---

[1] Klassiker der Reinheit und Stille, wahrscheinlich um das 2. Jahrhundert geschrieben. Der erste überlieferte Kommentar dazu stammt von Du Guanting (850 - 933)

So kann man ständig und von jedem lernen. Du musst nur offen dafür sein und nicht deinem kleinen Ego zuhören, welches dich überheblich macht.

Zhan Zhuang ist eine wunderbare Methode, mit der du erfahren kannst, was Entwicklung bedeutet.

Du beginnst mit der Form um den Geist zu entwickeln. Hältst du dich an die Form, wird der Körper gequält. Verlässt du die Form, kann der Geist sich sammeln.

Zhan Zhuang ist eine ruhige Übung. Du stehst in einer Position und bleibst darin. Es können unwillkürliche Bewegungen entstehen. Das ist in Ordnung. Du brauchst sie nicht unterdrücken. Du sollst sie nicht unterdrücken. Wenn keine Bewegung entsteht ist das auch in Ordnung. Du sollst sie nicht forcieren. Mit der Zeit, wenn die Ruhe in dich einkehrt, werden die Bewegungen verschwinden. Dann kannst du für eine lange Zeit in deiner Position stehen. Völlig entspannt. Du wirst wie ein Berg. Nichts kann dich erschüttern.

Entwickle deine Kraft dort, wo sie fehlt, dann kannst du aus der Ruhe eine leichte Bewegung entstehen lassen und aus der leichten Bewegung eine kraftvolle Bewegung.

Gedanken

Wenn du gelernt hast zu meditieren, wenn du weißt, wie zu meditieren ist, dann wirst du wissen, wie du mit dem Geist umzugehen hast. Kannst du mit deinem Geist umgehen, dann gewinnst du Vertrauen in dich selbst und verlierst deine Ängste.

Sogyal Rinpoche

Du stehst oder sitzt und die Zeit geht nicht vorbei. Statt der gefühlten Stunde sind erst fünf Minuten vergangen. Aber dein Kopf hat dir in dieser Zeit schon tausend Geschichten erzählt und ist kurz davor dich davon zu überzeugen, dass die Meditation keinen Sinn macht: „Komm lass uns rausgehen und spielen."

Du wirst rasch ermüdete Muskeln verspüren oder auch Vibrationen, vor allem in den Beinen. Nach einiger Übung werden die Muskeln gelöster und die Fähigkeit, eine Position für lange Zeit einzunehmen, nimmt zu. Dann werden sich interessante Sensationen einstellen, begleitet von tiefer innerer Ruhe und Ausgeglichenheit. So kannst du neben einer sehr interessanten körperlichen Erfahrung einiges über deinen Geist lernen.

Anfänger haben oft Zweifel oder phantastische Ideen über Meditation. Du wirst enttäuscht sein, wenn du dir vorstellst in der Meditation mit höheren Wesen in Kontakt zu treten oder übernatürliche Fähigkeiten zu entwickeln. Woher sollen denn die höheren Wesen kommen oder die übernatürlichen Fähigkeiten. Sie sind alle geistgeboren, in dir selbst erzeugt. Sie sind pure Illusion, wie alles andere auch. Wenn wir stehen, dann stehen wir. Die Möglichkeiten, die sich daraus ergeben, kannst du nicht vorher wissen. Sonst bräuchtest du nicht stehen. Du wirst nicht lernen zu stehen, sondern stehen um zu lernen. Das ist es.

Im Yi Jing heißt es:

> *„Kehre zurück zu dem, was ursprünglich dein ist,*
> *denn du kannst es nicht um das Geringste ver-*
> *mehren."*
> *Jing, Der Brunnen*

Was wir Stehen wie ein Pfahl nennen, möchte uns mit diesem ursprünglichen Sein bekannt machen. Indem wir alles andere vergessen, welches ohne Bestand ist, können wir uns mit jenem verbinden, was immer dort war und immer dort sein wird.

Versuch nicht, deine Gedanken zu kontrollieren, versuche nicht, sie in eine Richtung zu lenken oder vor dem Verschwinden zu bewahren. „Ach, das war doch gerade so ein schöner Gedanke, den sollte ich festhalten, mir merken, vielleicht aufschreiben." Nein! Schau zu, wie er aufgetaucht ist, scheinbar aus dem Nichts und wieder darin verschwindet. Solange du dich um die Gedanken kümmerst, kannst du nichts über den Geist lernen.

Du sollst deine Aufmerksamkeit fokussieren. Aber worauf? Du stehst still der Stille des Universums gegenüber.

Mein Freund Mustafa Tettey Addy, Trommelpriester aus Ghana sagte einmal: „Jeder kann auf eine Trommel schlagen. Die Kunst liegt in der Zeit zwischen zwei Schlägen."

Das entspricht in etwa dem bekannten 11. Vers aus LaozisDao De Jing, in dem er auf den leeren Raum hinweist:

> *„...forme Ton zum Topf,*
> *hohl in der Mitte ist er brauchbar."*

11

Wenn du stehst, dann bist du die Form, der Topf. Im Inneren sei ruhig, werde leer. Wir hören oft, im Zhan Zhuang sei außen Ruhe und innen Bewegung. Ja, das ist im Anfang so. Mit der Zeit dringt die Ruhe nach innen, dann kann aus der Ruhe nach außen eine Bewegung entstehen. Es handelt sich um einen Prozess, eine Entwicklung. Ruhe ist der Hintergrund für Bewegung und Bewegung führt zur Ruhe. Keines kann ohne das andere sein. Du kannst überall Ruhe finden, in jeder Bewegung. Du atmest ein und du atmest aus. In der Atempause, so kannst du sagen, ist Ruhe. Man kann es aber auch anders sehen. Der Wechsel zwischen Einatmen und Ausatmen ist Aktivität. Während der Atem einströmt, während der Atem ausströmt, wird er von Ruhe begleitet. Der Atem ist eine Brücke zwischen innen und außen. Wie wunderbar sich dieser Faden spannt, in der Lunge an dein Blut weitergereicht wird und deinen ganzen Körper durchströmt. Wieviel Bewegung und welche Ruhe.

Selbst in einer direkten Lehrer-Schüler Beziehung ist es nicht möglich, in kurzer Zeit ein Verständnis des Zhan Zhuang zu entwickeln. Ohne Verständnis ist es jedoch schwierig, Ausdauer zu entwickeln und ohne ausdauerndes Üben dringst du nicht in die Materie ein. Deshalb brauchst du Vertrauen.

Hintergründe

Wer noch keine oder sehr wenig Erfahrung mit dem Stehen hat, sollte wissen, was alles passieren kann. Schon nach kurzer Zeit des Stehens wird es dir unangenehm werden, Du verspürst Schmerzen an allen möglichen Stellen deines Körpers, der Atem wird schwer und dir fallen sicher jede Menge Sachen ein, die du eigentlich jetzt dringend erledigen solltest. Deshalb ist die aufmerksame Lektüre dieser Schrift zu empfehlen. Sie zeigt, welche Schwierigkeiten auftauchen können und wie man damit erfolgreich umgehen kann.

Wer schon erfahren ist mit längerem Stehen mag hier womöglich noch hilfreiche Tipps finden, um das Verständnis zu vertiefen und in seiner Entwicklung fortzuschreiten. Ehe wir uns der Praxis zuwenden, möchte ich etwas über die Geschichte des Zhan Zhuang und den Sinn und Zweck des Stehens wie ein Pfahl vortragen. Dabei werde ich mich nicht auf alle Verästelungen der Historie einlassen und auch in der Anwendung fasse ich mich kurz. Wo es nötig ist, werde ich später darauf detaillierter eingehen.

Stehen wie ein Baum oder die Bärposition, so kannten wir von Anfang an die Übung, um die es in diesem Büchlein geht. Von Anfang an, das meint in meinem Fall Ende der Siebziger Jahre des letzten Jahrhunderts. Wir machten es in schulterweitem Stand, mit gehobene Armen vor dem Brustkorb einen Kreis bildend und nach drei Minuten ließen die ersten erschöpft ihre Arme sinken. Oder es gab die bioenergetische Variante, vorwiegend von Anhängern der Bhagwan-Sekte in Gang gesetzt, bei der nach spätestens einer Minute mit dem ganzen Körper vibriert und geschüttelt wurde. Leute, die zum ersten Mal dabei waren, glaubten, das müsse so sein und machten fleißig mit.

Dann hatte ich ein kleines Heftchen aus China, in dem gezeichnete Männlein in tiefer Reiterposition Ma Bu diesen Stand einnahmen. Na gut, dachte ich mir, zeichnen kann man viel. Zu glauben, man könne diese Haltung mit horizontalen Oberschenkeln tatsächlich einnehmen, machte ich mir nicht die Mühe. Bis ich in Gia Fu Fengs Stillpoint Community in Colorado ein Buch fand mit dem Titel Tai Ki Ken, in dem Leute in tiefem Ma Bu fotografiert waren. Da ging ich in den Wald, suchte mir ein stilles

Plätzchen, schaute mich noch einmal in alle Richtungen um, ob mich auch ja niemand sehe und probierte es aus. Es ging. Bestimmt habe ich dabei noch jede Menge falsch gemacht, aber ich fiel nicht auf den Hintern. Dem Buch mit den Fotos werden wir später noch mal begegnen. Es hieß darin, der Autor, ein japanischer Kampftechniker mit hohen Graduierungen, habe bei einem chinesischen Meister gelernt und der habe ihn erst ein Jahr lang nur stehen lassen.

Bei Gia Fu Feng haben wir des Öfteren gestanden, zum Beispiel in den Bergen Spaniens bei Murcia, auf den Sonnenaufgang wartend. Aber nicht nur in der Bärposition, auch zum Beispiel in der Figur "Die Pipa spielen", wo das Gewicht nur auf einem Bein ruht und das andere, vorgestreckte Bein, leer ist - Xu Bu. Nach einer halben Stunde durften wir wechseln.

Ich möchte dazu ermuntern, sich Zeit zu nehmen und langsam, mit Hilfe des Büchleins, besser mit einem kompetenten Lehrer, in die Kunst des Zhan Zhuang hinein zu wachsen. Es ist ein Entwicklungsweg und wie bei einer Pflanze ist es nicht hilfreich, das Wachstum zu forcieren, es wäre eher abträglich.

Geschichte des Zhan Zhuang

„In früheren Zeiten standen die großen Meister auf der Erde, stützten den Himmel, bewachten Yin und Yang, atmeten die Essenzen des Qi. Sie standen alleine, vom Geist geleitet, eins mit dem Körper."

Einfache Fragen - Klassiker der Inneren Medizin.

Zunächst möchte ich versuchen, so weit wie möglich die Herkunft und Verbreitung des Zhan Zhuang zu klären.

Wir wissen von einem Wang Xiang Zhai (1885 - 1963), der in seiner Methode Yi Quan, auch unter dem Namen Da Cheng Quan 大成拳 bekannt, dem Stehen eine wichtige Bedeutung beigemessen hat. Die Geschichte führt uns zurück in das 16. Jahrhundert zu einem Ji Long Feng (1588 - 1682) und der Kampftechnik Xin Yi Liu He Quan 心意六和拳, Herz Geist sechs Harmonien Faustkampf. Diese wurde in einer muslimischen Minorität, den Hui, gepflegt. Ihr Alter und die weitere Herkunft ist mir nicht bekannt. Sie wurde wohl über lange Zeit geheim gehalten, ehe sie im 16 Jahrhundert frei verbreitet wurde. Es kann natürlich sein, dass

17

auch dabei nicht alles öffentlich gemacht wurde. Cao Ji Wu, ein Schüler des Ji Long Feng lehrte die Technik einem Clan der Dai, die das Xin Yi Liu He Quan nun mit ihrer eigenen überlieferten Methode verbanden und daraus Dai Shi Liu He Xin Yi Quan entstand.

Zwei Generationen später lernte Li Luo Neng (1807 - 1888) von den Dai Leuten und machte darauf aufbauend eine neue Methode, die er Xing Yi Quan 形意拳 nannte. Waren in den Vorläufern des Xing Yi Quan noch viele Trainingseinheiten verschiedenster Art enthalten, die eine lange Übungsdauer verlangten, so hatte Li Luo Neng sein Curriculum vereinfacht. Zhan Zhuang spielte darin eine große Rolle. Weitere zwei Generationen später veränderte der oben erwähnte Wang Xiang Zhai das Xing Yi Quan zum Da Cheng Quan.

Wang war längere Zeit in China umhergereist und hatte bekannte Kämpfer herausgefordert und so wurde er als unbesiegbar gerühmt. Während der japanischen Okupation forderte Kenichi Sawai, Träger des 5. Dan Judo und 6. Dan Kendo Wang Xiang Zhai heraus und wurde

von diesem besiegt, später als Schüler akzeptiert.[2] Zurück in Japan lehrte Sawai seine Interpretation des Da Cheng Quan unter dem Namen Tai Ki Ken. Damit wären wir wieder bei dem oben erwähnten Buch.

---

[2] Bilder Internet ohne Quellenangaben

Vom ursprünglichen Xin Yi Liu He Quan bis zum Da Cheng Quan waren die Methoden immer mehr vereinfacht und optimiert worden. Wang Xiang Zhai ließ seine Schüler im ersten Ausbildungsjahr nur in der klassischen Zhan Zhuang Position stehen. Inzwischen nehmen auch andere Kampfkünstler die Methode in ihr Programm auf und erklären es als eigene Entwicklung. Auch im Qi Gong findet das Stehen immer mehr Interesse.

Aber woher kam nun das Zhan Zhuang. Wang hatte es von Li Luo Neng übernommen, aber woher hatte er es? In den Schulen des Xin Yi Liu He Quan oder im Dai Clan wird es nicht erwähnt. Waren es doch wieder ein paar geheimnisumwitterte daoistische Mönche, die Li darin eingeweiht hatten? Oder war es eine gängige Methode, die schon seit Generationen in den unterschiedlichen Schulen praktiziert aber nie besonders erwähnt wurde? Hinweise auf alte Texte, in denen schon mal von stehenden Menschen die Rede ist, hilft nicht weiter, sie sind nicht aussagekräftig. In der Shaolin Tradition werden ebenfalls verschiedene Positionen eingenommen und über längere Zeit gehalten. In den daoistischen Klöstern kennt man wiederum andere Positionen. Wahrscheinlich kann man annehmen, dass Zhan Zhuang auf verschiedenen Wegen sich entwickelt hat, wie es bei vielen Methoden der Fall war und es ist nicht angemessen, wenn nur eine Quelle gewürdigt wird.

Als eine Methode des Qigong wird Zhan Zhuang mit der Gesundheitsvorsorge in Verbindung gebracht. Wang Xiang Zhais Schüler zweiter Generation Yu Yongnian war Arzt und machte Studien zum gesundheitlichen Wert des Zhan Zhuang und veröffentlichte dazu mehrere Bücher[34].

In China geschehen solche Studien innerhalb eines kulturellen und sozialen Systems, dessen Strukturen und Schubladen nicht mit unseren vergleichbar sind. Man muss sich dessen ständig bewusst sein. Auch wenn Mao Zi Dong es gerne gesehen hätte, die Gesundheit ist nicht ausschließlich in die Hände westlich ausge-bildeter Mediziner gelangt. Medizin ist in China erst einmal chinesisch. Klassisch. Pulse, Zunge,

---

3 http://chinaholic.weebly.com/uploads/2/4/1/9/2419454/
the_search_of_wu.pdf

4 Zhan Zhuang: The Art of Nourishing Life (Paperback) by Dr. Yong Nian Yu, Gitanjali Kurugodu (anscheinend nur über amazon verfügbar)

Wu Xing, Jing Luo, Dekokte, Kräuterpillen, Nadeln. Es gibt ganze Bibliotheken über die chinesische Medizin und es gibt Bibliotheken über die westliche Medizin. Man könnte meinen, beide beschreiben etwas völlig andres. Wenn wir nun anfangen wollten, Zhan Zhuang als eine Methode der Gesunderhaltung des menschlichen Körpers zu preisen, dann müssten wir weit ausholen. Müssten Unterschiede versuchen verständlich zu machen. Wir dürfen Zhan Zhuang nicht ohne den kulturellen Hintergrund betrachten und wir sollten es auch nicht ohne ein Wissen darum praktizieren.

Die meisten Annäherungen an chinesische Kulturgüter entstehen auch im 21. Jahrhundert aus einer kolonialistischen Haltung. Damit kann ich durchaus auch dich meinen, lieber Leser. Wir interessieren uns nicht für die Kultur, sondern ihre Güter. Wir konsumieren, kombinieren, kolonialisieren. Ich will mich davon nicht freisprechen, auch wenn ich inzwischen über 40 Jahre China für mich ausbeute. Ich bin kein Chinese, ich bin keiner geworden. In mir schwelt immer noch Christentum. in meiner Sprache und damit auch in meinem Denken. Lasst uns darüber einfach klar werden. Deshalb sollten wir es einfach machen und zusehen, was passiert.

Es können sich zum Beispiel Blockaden im Fluss der Lebenskraft lösen. Bei längerem Stehen gleicht sich der Energiefluss selbst aus, dem daoistischen Prinzip des Ziran 自然 folgend.

Andererseits wird Zhan Zhuang in den Kampfkünsten geübt, vor allem in den inneren Kampfkünsten, wie Xingyi Quan, Bagua Zhang und Taiji Quan. Seinen Stellenwert im Xingyi Quan haben wir schon in der Herkunftsgeschichte gewürdigt. Im Bagua Zhang, einer Methode, dessen Training auf dem Laufen im Kreis basiert, werden die Arme in Positionen des Zhan Zhuang gehalten, während die Beine aktiv sind. Daraus entwickeln sich spiralige Drehungen, wie sie im fortgeschrittenen Seidenfaden Qigong zu finden sind. Im Taijiquan findet Zhan Zhuang vor allem Anwendung, um die Gelenke zu öffnen und die Muskulatur zu lösen.

Nun haben wir die gesundheitlichen Aspekte und den Nutzen in den Kampfkünsten betrachtet. Der weitaus wichtigste Ansatz aber, der uns bewegt, die Stehende Säule zu üben, ist die Selbstkultivierung.

Nachdem wir etwas über die Hintergründe des Zhan Zhuang erfahren haben, und ich möchte nicht den Eindruck erwecken, dies sei schon alles, können wir uns der Praxis des Stehens zuwenden. Fangen wir also an.

Wir kennen im Westen den Menschen als eine Verknüpfung mehrerer miteinander interagierender Systeme. Wir haben ein Skelett; einen Bewegungsapparat aus Muskeln, Sehnen und Bändern; ein System der inneren Organe, die Nahrung aufnehmen, verarbeiten und verteilen; den Blutkreislauf und die Lymphen; das Fortpflanzungssystem und ein alles verbindendes Nervensystem. Wir haben Emotionen und Gedanken, können lernen, vergessen, planen und träumen. Wir haben ein Bewusstsein von uns selbst. Manchmal fühlen wir uns stark und manchmal schwach. Wir können krank werden in jedem dieser Systeme und eines Tages sterben wir.

In der chinesischen Sicht der Welt gibt es ein weiteres System, gut erforscht und beschrieben - Qi, was wir der Einfachheit halber zunächst mit

Lebenskraft übersetzen. Qi durchdringt den gesamten Menschen in all seinen oben aufgeführten Systemen, durchdringt und verbindet. Ich werde ab jetzt immer den Begriff Qi benutzen und aus den Zusammenhängen wird erkennbar, wie Qi verstanden werden muss.

Zhan Zhuang ist eine Methode des sogenannten Qi Gong, der Arbeit oder Beschäftigung mit dem Qi. Es wird, wie schon erwähnt, auch von verschiedenen Kampfkünsten als Übung benutzt und andere möchten es gerne als ein eigenständiges System beschreiben. Letztlich ist das uninteressant, wenn du tatsächlich stehst.

Die Frage ist, wie du stehst.

Stehen

Wir beginnen mit einer neutralen Position. Füße zusammen, aufrechte Haltung, die Arme an den Körperseiten. Ruhig gleichmäßig atmen, sich entspannen und von den Gedanken und Stimmungen des Alltags lösen. Die Aufmerksamkeit bedächtig nach innen, auf die körperlichen Empfindungen lenken.

Wenn du spürst, bei dir angekommen zu sein, sinke etwas auf den rechten Fuß und setz den linken Fuß etwa schulterweit aus. Ruhig das Gewicht in die Mitte und auf beide Füße verlagern. Sich der neuen Position bewusst werden. Aufgerichtet, entspannt und sinken, dass sollte gleichzeitig erfolgen, muss aber hier

Baihui

Huiyin

nacheinander beschrieben werden. Die drei bedingen sich gegenseitig.

Aufrecht

Richte dich innerlich auf. Stell dir eine senkrechte Achse vor, die deinen Körper durchdringt, vom Punkt Hui Yin auf dem Damm zum Punkt Bai Hui oben auf dem Kopf. Dieser energetische Kanal ist der Anfang unseres Seins. Um

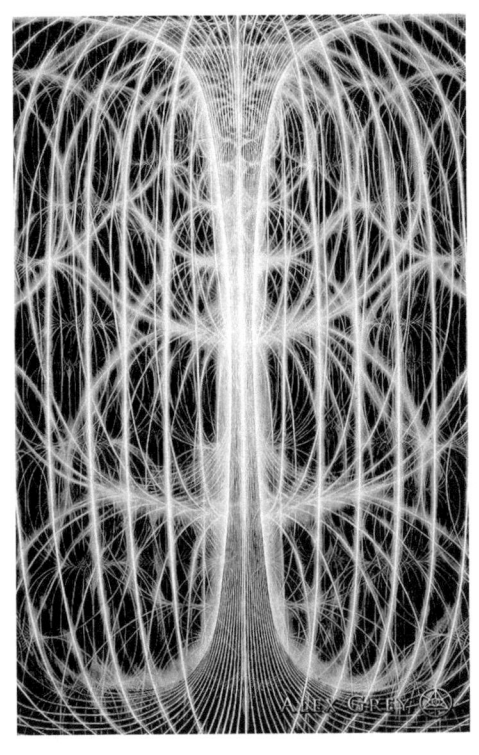

ihn herum haben sich die Meridiane und der Körper entwickelt.[5] Am ausgebildeten Körper liegt der Punkt Hui Yin zwischen Anus und Geschlechtsteil. Der Name bedeutet Zusammentreffen des Yin. Bai Hui, hundertfaches Zusammentreffen, heißt jener Punkt auf dem Scheitel des Kopfes, auf einer gedachten Linie von Ohr zu Ohr.

---

[5] Abb. nach Alex Grey, Sacred Mirror.

Stellen wir uns den Beginn unserer Existenz wie ein Frucht vor, so sitzt der Stengel am Punkt Hui Yin, von hier nimmt die Verkörperung ihren Lauf. Die energetische Struktur ist schon unsichtbar angelegt. Wie bei einer Orange hat der Mittelkanal keine Substanz und die Meridiane teilen den Körper in Segmente. Nur geben wir recht bald die Kugelform auf, prägen Gliedmaßen, Kopf und Genitalien aus.

Der Punkt Hui Yin verbindet uns mit der Substanz, mit der Erde. Der Punkt Bai Hui verbindet uns mit dem Geistigen, dem Himmel. Im anfänglichen Stehen spannen wir uns ein zwischen die beiden Pole. Stell dir vor, an Bai Hui wie an einem Faden zu hängen, der dich zum Himmel zieht. Das Becken halte locker und lass das Steißbein sinken wie ein Senkblei, so dass die Wirbelsäule gestreckt wird.

Die Erde ist Yin, der Himmel Yang. Die Energie der Erde steigt auf und trägt uns, die Kraft des Himmels senkt sich herab, schützt und ummantelt uns. Die beiden Tendenzen durchdringen uns und geben den Körperteilen, den Muskeln und Organen ihre Formen. Wir finden diese spiraligen Wirbel im gesamten Universum. In den

Galaxien, den Bewegungen der Planeten, den Strömungen des Wassers, im Wachstum der Pflanzen, bis hin in die DNS Helix. Wenn wir dieses kosmische Prinzip verstehen, dann erkennen wir die innere Aufrichtung als die Achse eines Wirbels, um die sich die Kräfte von Himmel und Erde winden, die uns formen und bewegen. Dann erkennen wir: Stehen wie ein Pfahl bedeutet nicht, werden wie ein totes Holz, sondern die Entdeckung des Lebens.

Fühl dich wie von einem Faden am Kopf hochgezogen. Der Nacken wird gestreckt, die Nasenspitze sinkt. Lass die Schultern locker hängen, ebenso den Brustkorb. Geh Wirbel für Wirbel durch, einen nach dem anderen, beginnend beim obersten Nackenwirbel. Lass sie locker, entspann dich, überlass den Körper der Schwerkraft, deine Aufrichtung dem vom Himmel kommenden Faden. Erlaube dir das Gefühl, die Abstände zwischen den einzelnen Wirbeln leicht zu vergrößern. Die Wirbel hängen wie Perlen auf einer Schnur, mit Knoten voneinander getrennt. Lass auch die Arme locker an den Körperseiten hängen, ganz gleich, wohin sie sich drehen.

Nun kommen wir zu einem etwas schwierigeren Bereich, dem Becken. Um auch das Steißbein locker hängen zu lassen, muss das Becken gelöst sein. Dazu musst du die Hüftgelenke öffnen, wobei sich die Oberschenkel leicht nach außen rollen. Damit sich das Gewicht nicht auf die Aussenkanten der Füße verlagert, setzt du die Drehung in den Unterschenkeln fort, die sich nun hinten nach innen drehen. Damit kommt das Gewicht wieder deutlich auf die Fersen und den gesamten Fuß. Unterstützend kannst du die großen Zehen leicht zum Boden drücken.

Ich empfehle damit zu beginnen, die Oberschenkel etwas nach außen zu drehen, sodass die Unterschenkel senkrecht über den Füßen stehen. Dabei muss das Gefühl aufkommen, mit Oberschenkeln und Becken einen Rundbogen zu bilden, einen romanischen, keinen gotischen Spitzbogen.
Jetzt kann auch das Becken entspannt hängen. Anweisungen, das Becken nach vorne zu kippen führen zu Missverständnissen und einer verspannten Haltung. Vermeide diesen Gedanken, falls du einmal davon gehört hast.

Nun kannst du eventuell spüren, wie sich die Lendenwirbelsäule streckt, wie nach und nach das Hohlkreuz schwindet und die ganze Wirbelsäule gerade wird. Wenn es nicht beim ersten Mal passiert, keine Sorge. Geduldig weiter üben, Tag für Tag. Der Erfolg wird sich einstellen.

Die Oberschenkel sind nach außen gerollt, die Unterschenkel senkrecht, das Gewicht liegt auf den Füßen. Lass die großen Zehen leicht zum Boden greifen, dass der Fuß sich wölbt. Etwa so, wie ein Vogel sich auf einem Ast hält, ohne dass du klammerst. Du saugst dich etwas an den Boden an.

Damit hätten wir den ersten Teil der Grundhaltung besprochen, aufrecht zu stehen. Es ist ganz hilfreich, wenn jemand zur Korrektur dabei ist. Anfänger lehnen meist nach hinten, haben aber das Gefühl gerade zu stehen. Werden sie korrigiert, glauben sie, nach vorne zu neigen.

Entspannen

Als nächstes geht es darum, in der aufrechten Haltung möglichst entspannt zu sein. Ich stelle einige Methoden vor, die dir helfen sollen, gelöst und ruhig zu stehen. Diese Methoden müssen nicht in der hier beschriebenen Reihenfolge praktiziert werden und selbstverständlich können auch andere Wege zur Entspannung beschritten werden. Die Übung und Entspannung sind ein und dasselbe. Ganz gleich in welcher Position, das Lösen der Spannungen sollte an erster Stelle stehen. Entspanne den Körper indem du den Geist entspannst. Alle anderen geistigen Aktivitäten kommen danach.

Entspannung bedeutet Ausdehnung. Anspannung zieht zusammen. Es ist wie eine Faust, die sich öffnet, wie eine Knospe, die zur Blüte wird. Die Öffnung bzw. Ausdehnung beginnt innen und setzt sich gleichmäßig nach außen durch. Du kannst vom Zentrum deines Körpers, dem Bereich zwischen Brustbein, Schambein und Ming Men im Rücken mit der Ausdehnung beginnen. Es ist ein gedachter, ein vorgestellter Prozess. Du machst nichts aktiv, lass es geschehen. Folge einfach dem Geschehen. Tauchen zu viele störende Gedanken auf und du wirst sie nicht los, folge dem natürlichen Prozess. Wenn du etwas machst, kann es nicht mehr von selbst passieren. Stell dir die Ausdehnung vor, wie einen Sonnenaufgang, ein heller werdendes Licht. Es strahlt nach allen Seiten, nach rechts und nach links, nach oben und unten, nach hinten und vorn. Alle Gelenke, Muskeln, Fasern folgen dem Licht, jede einzelne Zelle. Du kannst dich unendlich ausdehnen, den ganzen Raum, das gesamte Universum ausfüllen. Aber es genügt schon ein Zentimeter.

Die folgende Methode wirkt vor allem auf die Muskulatur, auf die kleinen Muskeln. Du beginnst mit dem Punkt Bai Hui auf dem Scheitel deines Kopfes. Stell dir nach aussen treibende Kreise vor, wie die Wellen auf einem stillen See, in den ein Tropfen fällt. Lass die 'Wasseroberfläche langsam absinken. Die Kopfhaut entspannt, die Stirn, das Gesicht, der Nacken. Geh langsam immer weiter nach unten, über die Schultern, den Brustkorb, Wirbel für Wirbel, zwischen den Rippen, zur Bauchmuskulatur. Leg noch einmal besonderen Wert auf die Lendenwirbelsäule, dann das Becken, die Hüftgelenke und in die Beine, über die Knie bis hinab zu den Füßen.
Vergiss die Arme nicht.

Die nächste Übung widmet sich den Gelenken. So wie bei der ersten Entspannung, der Ausdehnung aus der Körpermitte, verfolgen wir nun kleine Sonnenaufgänge in den Gelenken. Wir gehen von innen nach außen vor, beginnen bei den Hüftgelenken.

Am Anfang mag es schwer fallen, sich auf beide Gelenke zu konzentrieren, dann fang mit der linken Hüfte an. Zunächst mach dir noch mal klar, wo das Hüftgelenk liegt, in der Leiste, innen, wo der Oberschenkelkopf in die Beckenpfanne greift. Dort lässt du nun ein Licht aufleuchten, langsam heller werden und das Hüftgelenk öffnen.

Nach den Hüftgelenken machst du das Gleiche mit den Schultergelenken. Du kannst auch noch in die Knie und Ellbogen leuchten, in Fuß- und Handgelenke, aber wichtiger wäre es, nun das Licht im Ming Men (Wirbelsäule gegenüber dem Bauchnabel) und im Ya Men (oberster Nackenwirbel) einzusetzen. Diese beiden sind natürlich keine Gelenke, sondern Bereiche der Wirbelsäule, die dadurch gestreckt wird. Ich möchte die Gelegenheit nutzen, noch einmal darauf hinzuweisen, dass wir Qigong machen, uns mit dem Qi, der Lebenskraft, beschäftigen.

Das ist keine physische Gymnastik. Auch wenn wir von Muskeln und Gelenken sprechen, dann nur, um die Bereich zu benennen, in denen die Energie aktiviert wird.

Durch mangelnde oder einseitige Bewegung bieten die Gelenke Raum, in dem Qi sich stauen kann und durch die Ansammlung zu feiner Substanz bis zu Schleim materialisiert. Das kann zu Entzündungen oder Kältestau führen. Dadurch entstehen viele der bekannten Probleme des Bewegungsapparats.

Sinken

Wenn du aufrecht und entspannt stehst, dann lass die Schwere sinken. Mit dem Entspannen beginnt der Prozess des Sinkens. Wenn du loslässt, sinken die Schultern, sinkt der ganze Rumpf, das Steißbein hängt, die Arme hängen. Die Schwere folgt der Schwerkraft.

Sie ist deine Substanz, Materie, das Körperliche. Die Substanz kommt von der Erde und bleibt bei der Erde. Sinkt die Schwere, steigt das Leichte, Qi, auf.

Wir sind körperliche Wesen. Ohne den Körper würden wir nicht die Erfahrungen machen, die wir machen. Wir sind ebenfalls geistige Wesen. Ohne den Geist würden wir auch nicht die Erfahrungen machen, die wir machen. Körper und Geist bilden eine Einheit. Der Körper ist Substanz, der Geist substanzlos. Die beiden durchdringen sich.

Sprechen wir davon, das Gewicht an der Außenseite sinken zu lassen. Es entsteht das Gefühl einer Glocke, außen fest und innen leer. Wenn du dich beobachtest, musst du sehr genau unterscheiden, was du sinken lässt. Zunächst einmal den inneren Schwerpunkt. Die meisten Menschen in unserer zivilisierten Kultur haben sich einen erhobenen Schwerpunkt angewöhnt. Das Zentrum des Körpers scheint im Brustkorb zu liegen, manche schleppen es gar auf den eigenen Schultern mit sich herum. Den inneren Schwerpunkt läßt du in den Unterbauch sinken. Langsam, am besten mit dem Atem.

Dem sich ausdehnenden Entspannen folgend dringt auch die Schwere nach außen, sinkt an den Seiten des Brustkorbs entlang nach unten, zu den Hüften. Auch die Hüften öffnen sich, das

Steißbein sinkt, der Punkt Ming Men öffnet sich. Die Schwere gleitet weiter hinab entlang der Gallenblasen-Leitbahn an der Außenseite beider Beine.

An den Füßen angekommen verteilt sich das Gewicht auf Fersen, Außenkante der Füße und auf die beiden Ballen. Der Großzeh zieht etwas zum Boden hin, nimmt Kontakt auf mit der Erde. Nun sollte zumindest ab den Hüften das Gefühl einer Glocke entstehen, mit der Masse außen und im Inneren Leere, in der Qi aufsteigen kann. Gleichfalls sind die Füße innen hohl, bilden deutlich das Gewölbe, wie ein Saugnapf Qi aufnehmend.

Drei Dan Tian in einer Linie

dao zeugt eins
eins zeugt zwei
zwei zeugt drei
drei zeugt alles

yin trägt
yang umfasst
strömendes qi vermischt sie

Laozi 42

Drei zeugt alles, die zehntausend Wesen und die zehntausend Dinge. Dao zeugt Eins, das große Ureine, Ungeteilte, meist dargestellt durch einen leeren Kreis. Das Ureine erzeugt aus sich die Zwei, Taiji, Yang und Yin. Die Zwei werden in der Welt der Erscheinungen repräsentiert durch Himmel und Erde. Die großen Drei sind der Himmel, die Erde und dazwischen der Mensch, in sich die zwei vereinend. Die Erde trägt uns und der Himmel umfasst uns, wir werden von beiden protegiert.

„Die Menschen werden erzeugt, indem Himmel und Erde ihr Qi verschmelzen. Daher bestehen wir aus Qi und können niemals ohne es sein. Gleich den Fischen, die, umhüllt von Wasser, beständig ihre Flossen bewegen, um darin zu schwimmen, sind die Menschen umhüllt vom Universum und bewegen unablässig ihre Nasenflügel, um einzuatmen. Die Menschen müssen sich daher immer auf dieses allumfassende und allgestaltende und umgestaltende Qi verlassen. Daher die alte Redewendung: „Iss und der physische Körper wird befriedigt sein. Bewege Dich und alle umgestaltenden Prozesse werden harmonisch verlaufen.

Da das Menschenleben zwischen Himmel und Erde angesiedelt ist, lässt sich sagen, dass unsere körperliche Form zwar sehr augenscheinlich sein mag, aber es ist unser Qi, das zählt und ewig dauert."[6]

In uns sind die drei Kräfte als energetische Zentren präsent. Wir nennen sie Dan Tian, was Elixier- oder Zinnoberfeld bedeutet. Das untere Dan Tian befindet sich im Unterbauch, sein Zentrum

---

[6] Aus: Chen Ji Ru, Seichte Kommentare zur Kunst, das Leben zu nähren (Yangsheng Fuyu), Ming-Dynastie (15. Jahrhundert) übersetzt von Heiner Frühauf, ins Deutsche von Markus Goeke

unterhalb des Bauchnabels. Das mittlere Dan Tian befindet sich im Brustkorb, dort wo das physische Herz ist und das obere Dan Tian ruht im Schädel, im Bereich des physischen Gehirns. Die drei Dan Tian funktionieren wie Batterien, sie speichern Energie und stellen sie den Lebensaktivitäten zur Verfügung.

Das untere Dan Tian ist vorwiegend zuständig für körperliche Aktivitäten, für Motorik und die inneren Prozesse der Nahrungsaufnahme, Aufspaltung und Verteilung. Die Lebenskraft des unteren Dan Tian ist die Essenz Jing, welche in den Nieren ruht.

Das mittlere Dan Tian reguliert die emotionalen Vorgänge. Da es direkt mit dem Herzen in Verbindung steht, sollte das Gefühlsleben ausgeglichen und ruhig sein. Möglichst wenig Aufregung, weder Ärger noch Trauer, keine übermäßige Freude und auch die Ab- oder Zuneigung gegenüber den Mitmenschen soll in Maßen bleiben. Das Herz ist Sitz des Geistes Shen, der sowohl eine himmlische als auch eine menschliche Qualität hat. Shen regiert die Lebenskraft Qi.

San Bao
3 Schätze

Himmel

Mensch

Erde

San Dan Tian
(3 Elixirfelder)

Shen Geist

Qi
Lebenskraft

Jing Essenz

Das obere Dan Tian speichert die Energie für geistige Vorgänge. Wer viel denkt und grübelt, verbraucht entsprechend viel Qi aus dem oberen Dan Tian. Die bewussten geistigen Vorgänge stehen in Verbindung mit dem Geist Shen. Obwohl der Geist seinen Sitz im Herzen hat, verorten wir ihn im oberen Dan Tian. Wir denken im Kopf.

Die drei Dan Tian erzeugen im geistigen Bereich die drei Hun. Im energetischen Körper erzeugen sie die drei Wärmer, eine Kooperation der Funktionen des Urogenitalsystems, welches den unteren Wärmer bildet, die Verdauung als mittlerer Wärmer sowie Atmung und Blutzirkulation als oberer Wärmer.

Eine beruhigende und zentrierende Übung setzt die drei Dan Tian in eine Linie.

Nachdem du die Ausgangsposition eingenommen hast, aufgerichtet, entspannt und gesunken stehst, richtest du die Aufmerksamkeit auf das untere Dan Tian. Es kann für den Anfang hilfreich sein, wenn du dich erst auf den Atem konzentrierst, dann mit dem Atem langsam nach innen gehst und nach unten in dein Dan Tian. Lass dir Zeit, warte, bis du ein deutliches Gefühl für dein unteres Dan Tian entwickelst. Kann sein, dass es einige Zeit dauert. Du solltest es richtig spüren, nicht nur denken, du könntest es spüren. Erst dann kannst du langsam die Aufmerksamkeit zum mittleren Dan Tian lenken. Lass dir wieder genug Zeit, bevor du zum oberen Dan Tian wanderst.

Wenn du alle drei Zentren spüren kannst, wirst du wahrscheinlich merken, dass sie nicht genau übereinander stehen. Mit sanften, minimalen Bewegungen, gesteuert von deiner Vorstellungskraft, richtest du nun die drei Dan Tian auf einer senkrechten Achse aus. Das bedeutet der Satz: „Yi, die Vorstellungskraft, lenkt das Qi, Qi lenkt das Blut."

三关之中精气深，九微之内幽且阴，口为天关精神机，足为地关生命靡，手为人关把盛衰。

Es gibt drei Innere Qualitäten:
Jing (Essenz), **Qi** (Lebenskraft), **Shen** (Geist)[7].
Die neun Kammern tief im Innern sind von Yin Qualität,
Der Mund wird am Tage geschlossen, (beruhigt die) **Mühle der Gedanken,**
Die Füße werden zur Erde hin geschlossen, statt das Leben zu vergeuden.
Die Hände werden zum Menschen geschlossen, das Auf und Ab haltend.

Huang Ting Jing Kap. 2.18

---

7 Die Übersetzungen Essenz, Lebenskraft, Geist ist uns möglich, aber die chinesischen Schriftzeichen bedeuten sehr viel mehr, als wir mit diesen Begriffen erfassen.

Die 5 Wirkphasen Wu Xing

Die klassische chinesische Psychologie hat einige Karten entwickelt, mit denen der Geist, dessen Entwicklung sowie Störungen beschrieben werden. Eine Unterscheidung in Geist, Seele, Psyche wird nicht vorgenommen. Natürlich versuchen wir westlichen Autoren immer gerne, es unseren Lesern verständlich zu machen. Aber besser ist es, sich die chinesische Terminologie anzueignen und zu verstehen, statt zu versuchen, das eine System über ein anderes System zu begreifen. Es führt nur zu Verwirrung.

Zunächst folgen wir dem Konzept der Wu Xing (Fünf Wirk- oder Wandlungsphasen), die mit den Bildern von Holz, Feuer, Erde, Metall und Wasser arbeiten. Es ist hier nicht der Raum, um die Theorie der 5 Wirkphasen (oder Elemente) auch nur annähernd zu beschreiben. Inzwischen gibt es jedoch ausreichend Literatur darüber. Ich werde nur einen knappen Überblick versuchen.

Die Theorie geht davon aus, dass sich alle Erscheinungen und Ereignisse in die gleichen 5 Phasen aufteilen lassen, und dass es sich dabei um ein universales Prinzip handelt. Die Phasen werden nach Substanzen benannt - Holz, Feuer, Erde, Metall, Wasser - weswegen auch früher gerne die Übersetzung „Elemente" gewählt wurde.

Die Namen beschreiben mehr oder weniger die Qualität jeder Phase. Holz steht für Wachstum, Aufbruch, in die Welt, in Erscheinung treten, aus sich heraus gehen. Der geistige Aspekt im Holz heißt Hun 魂 und hat in sich drei weitere Erscheinungsformen. Hun entspricht am ehesten unserer Vorstellung von Seele, so wir denn eine Vorstellung haben.

Feuer setzt die im Holz gebundene Energie frei, wandelt um, verbindet uns mit dem Immateriellen, begeistert und inspiriert, ist erhebend. Das Feuer beherbergt den Geist Shen 神, er ist eine direkte Emanation des himmlischen Geistes, aber als menschlicher Geist an den Körper und dessen Bedingungen gebunden. Er herrscht über alle anderen geistigen Aspekte.

Die Erde verbindet uns miteinander, stellt Kontakt her und lässt uns darüber nachdenken, schenkt uns die Weite. In der Wandlungsphase Erde befindet sich Yi 意, was der westlichen Definition von Geist nahe kommt. Yi umfasst alle Bereiche des aktiven Denkens.

Metall wiederum setzt uns Grenzen, macht einen klaren Schnitt, baut aber genauso Brücken. Wo eine Trennung stattfindet, ist auch eine Verbindung. Metall schafft einen Ausgleich. Wir geben Geld für eine Ware oder Leistung. Im Metall begegnen wir Po 魄, gerne als Körperbewusstsein übersetzt. Po hat selbst sieben Unterteilungen, die sehr verschieden gedeutet werden. Ihnen werden wir noch begegnen und ausführlich besprechen.

Wasser fließt zusammen, hat Tiefe und flößt uns Furcht ein. Es nimmt jede Form an und kommt durch die kleinste Lücke. Wasser spendet Leben. Im Wasser finden wir Zhi 志, den Willen. Die Kraft, mit der wir etwas durchsetzen können, als auch die Kraft, die sich durch uns in die Welt setzen will. Aus diesen Bildern werden Analogien gebildet.

Die inneren (Yin) Organe Leber, Herz, Milz, Lungen und Nieren bilden die Verkörperung der Fünf Wirkphasen Holz, Feuer, Erde, Metall und Wasser.

Sie veräußern sich über die transformierenden (Yang) Organe Gallenblase, Dünndarm, Magen, Dickdarm und Blase in den weiteren Körper, in Gewebe, Knochen, Blut etc. Sie nähren die Gefühlswelt und geistigen Qualitäten, werden selbst beeinflusst von äußeren Erscheinungen und Begegnungen, den räumlichen Ausrichtungen, Klima, Jahreszeiten, den kosmischen Zyklen etc.

Um auf die Anzahl von fünf zu kommen, brauchen wir zu den drei Dan Tian noch zwei weitere Punkte. Ich habe sie schon früher erwähnt im Abschnitt über das Entspannen - Ya Men und Ming Men Sie befinden sich etwas weiter hinten, innerhalb der Wirbelsäule, weswegen wir sie auf der Körperrückseite erreichen. Ya Men, das Tor des Schweigens, befindet sich im Nacken, zwischen dem ersten und zweiten Nackenwirbel (Atlas und Dreher). Um

49

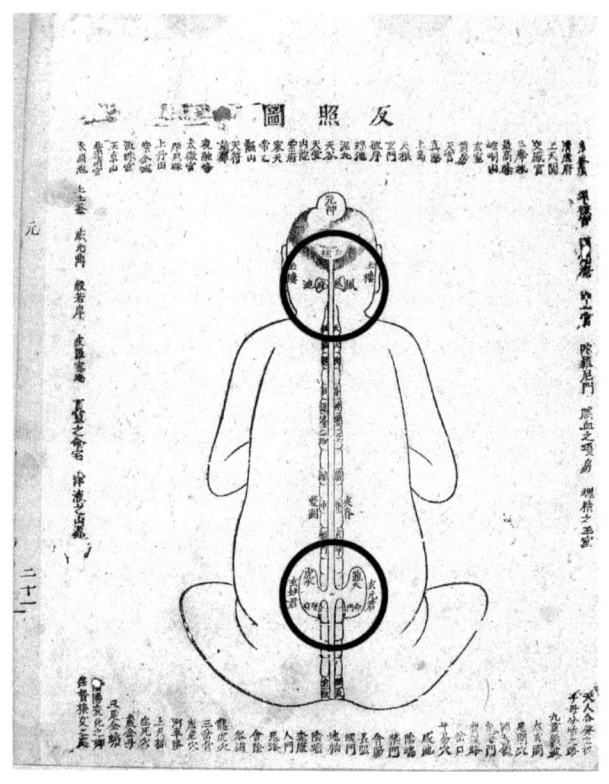

diesen Punkt zu öffnen, ziehst du das Kinn etwas runter und in Richtung Kehlkopf. In dieser
Haltung fällt es schwerer zu sprechen. Vielleicht
kommt daher der Name „Tor des Schweigens".
Aber bitte nicht übertreiben und den Kopf nach
vorne senken. Der Punkt Bai Hui auf dem Kopf
soll direkt nach oben zeigen. Es ist die in den
meisten Anweisungen zur Meditation gewünschte

Haltung. Indem die Sprechwerkzeuge blockiert werden, beruhigt sich auch der denkende Geist.

Der Punkt Ming Men befindet sich zwischen zweitem und drittem Lendenwirbel. Das Tor des Lebens steht in direkter Verbindung zum Qi der Nieren, wo einerseits das ererbte Qi verwaltet und zum anderen die sexuelle Kraft erzeugt wird. Ming, Leben, meint nicht nur die Vitalität, es bedeutet den Lebensweg, wenn man so will das Schicksal. In manchen traditionellen Texten wird Ming Men nur als gedachter oder rein energetischer Punkt beschrieben, andere beziehen die ganze Region inclusive der Nieren mit ein.
Als Tor des Lebens spendet er dem System die nötige Wärme, damit die Organe funktionieren und der Metabolismus arbeiten kann.
Tatsächlich geht von diesem Punkt die embryonale Entwicklung aus, teilt sich die erste Zelle und später beginnt von dort die Wirbelsäule zu wachsen.

Wir können Ming Men aber auch als die Verknüpfung aller Faszien sehen, der Bänder, Muskeln und Sehnen, welche die Bewegungen des Rückens organisieren. So lässt sich mit einer minimalen Reaktion, ausgehend vom Ming

Men, der Rücken öffnen oder wieder schließen, die Bewegung sogar bis in die Fingerspitzen fortsetzen.

Für unsere korrekte Haltung im Zhan Zhuang ist es deshalb von außerordentlicher Wichtigkeit, die Ming Men Region zu lockern, die Wirbel und umgebende Muskulatur beweglich zu halten.

Um das Lebenstor zu öffnen, wird das Steißbein gesenkt. Zusammen mit der Öffnung des oberen Tor des Schweigens findet die Wirbelsäule zu einer gelösten Streckung.

Wir beginnen die Meditation mit dem unteren Dan Tian, legen die Hände übereinander. Männer die linke über die rechte Hand, Frauen umgekehrt. Die Ellbogen zeigen deutlich nach außen. Das unter Dan Tian entspricht dem Holz. Mit seiner körperorientierten Energie gibt es uns Beweglichkeit. Indem wir einen Körper angenommen haben, haben wir uns geäußert. Seine Motorik ermöglicht uns, den Raum zu durchdringen, mit den Sinnesorganen das Außen zu erforschen. Wir wachsen über uns hinaus. Das ist die Kraft des Holzes, des unteren Dan Tian, welches mit der Leber in Verbindung steht.

Das mittlere Dan Tian in der Nähe des physischen Herzens hat die Energie des Feuers. Hier werden die Erfahrungen des untere Dan Tian umgewan-

delt. Wir lassen uns begeistern, erleben Freude. Die Welt wird inspiriert, in das Geistige gehoben, ihrer Substanz entledigt. Asche zu Asche. Empor steigt der Phönix. Wir legen die Hände auf die Mitte des Brustbeins.

Das obere Dan Tian, auch wenn es dem Himmel so nah ist, gehört bei dieser Meditation zur
Erde. Sie verbindet alles mit grenzenloser Weite,
du fühlst dich verbunden. Was du dir zuvor zu
Herzen genommen hast, das möchtest du nun

mitteilen. Denn wo das Herz von voll ist, geht der Mund von über. Womit wir schon zum nächsten Zentrum kommen. Aber zuerst legen wir die Hände auf die Stirn.

Am Übergang vom Schädel zum Nacken befindet sich der Bereich des Ya Men, das Tor des Schweigens, welches wir dem Metall zuordnen. Es steht in direkter Beziehung zu Qi Po, einem Zentrum welches wir später genauer kennen lernen. Metall begrenzt, es sichert und verschließt. Nicht alles, was gedacht wird, muss auch gesagt werden. Wenn wir unser Wort geben, dann können wir dazu stehen, übernehmen die Verantwortung. Ein Wort hat seinen Wert. Wir sollten etwas bekommen für das, was wir geben. Schweigen ist Gold. Darum, sagt Lao Zi, kann der Weise lehren, ohne zu reden. Wir legen die Hände auf, die Ellbogen weisen nach außen, wie wenn man sich entspannt zurück lehnt in Erwartung der Dinge, die da kommen werden. Der Brustkorb ist geöffnet, die Lungen können sich füllen.

Weiterhin geöffnet, doch durchaus resoluter ist deine Haltung, wenn du die Hände im unteren Rücken auf die Nieren legst. Damit signalisierst du im Alltag, dass du „den Willen hast, Entschlüsse zu fassen und sie durchzusetzen"[8]. Genau das

---

[8] Definition nach Duden zu resolut.

ist die Kraft von Wasser, welches mit den Nieren und dem Ming Men, dem Tor des Lebens, verbunden wird. Die gesammelte Willenskraft, das, was in das Leben treten will, zu unterstützen und zu verwirklichen. In unserer Meditation werden die Hände auf der Wirbelsäule übereinander gelegt.

Abschließend die Hände nach vorne führen zum unteren Dan Tian. Du kannst nun die Meditation wiederholen oder beenden, indem du die Hände aneinander reibst, dann die Handflächen vor die Augen hältst. Die Augen dabei geöffnet lassen. 3 Mal.

Die sieben Po und acht Trigramme

上睹三元如连珠，落落明景照九隅，五灵夜烛焕八
区，子存内皇与我游，身披风衣衔虎符，一至不久
升虚无

Von oben betrachtet
erscheinen die drei Ursprünge[9] wie eine Per-
lenschnur
Schaut man von unten
leuchtet es brillant und neunfach gewunden
Die Fünf Geistigen Aspekte[10]
erleuchten auch in der Nacht die Acht
Bezirke[11]
Das Kind im Inneren des Herrschers
läßt mich frei umher treiben
Den Körper in einen Umhang gehüllt,
ein Tiger-Siegel im Mund
Die Einheit erscheint
kurz nachdem das Nichts aufgetaucht ist

Huang Ting Jing Kap. 2.16

---

9 die drei Dan Tian
10 魂 Hun, 神 Shen, 意 Yi, 魄 Po und 志 Zhi
11 八卦 Bagua - Acht Trigramme

In den Fünf Wandlungsphasen sind wir im Metall dem geistigen Aspekt Po begegnet, Körperbewusstsein genannt, der selbst sieben Unterteilungen besitzt. Diese sieben werden sehr unterschiedlich interpretiert, oft mit den Emotionen gleich gesetzt. Po ist mit dem Körper verbunden, aber nicht mit dem Körper gleich zu setzen. Wenn der Körper verfällt, zerfällt auch Po. Mittels des Körpers verhilft uns Po zur Selbstwahrnehmung, steht so in Verbindung zu den Sinnen. Die sieben Bereich von Po sind energetisch identisch mit den Chakren des Yoga. Sie sind von Geburt an vorhanden und aktiv. Der gesunde Mensch weiß von sich und kümmert sich um sich.

Indem man auf seine Bedürfnisse achtet und sie äußern kann, die eigenen Fähigkeiten schätzt, anerkennt und Stärken, Schwächen und Grenzen annimmt, kann man für das eigene Wohlbefinden sorgen.
In der Selbstkultivierung wird die vollkommene Öffnung, die Verwirklichung jedes der sieben Bereiche angestrebt.

„Im Bereich der Quantenphysik gelten nicht unbedingt jene Regeln, die für die allgemeine Physik grundlegend sind. Deshalb lässt sie sich auch nicht mit dem Denken der allgemeinen Physik verstehen. In der daoistischen Selbstkultivierung gelten nicht immer die Bilder vom Menschen, wie er medizinisch oder psychologisch verstanden wird. Deshalb lässt sich die Selbstkultivierung auch nicht mit der Sprache der Medizin oder Psychologie vermitteln.

Die Illusion von einem Selbst entsteht durch die Eindrücke, welche die Sinne aufsammeln. Es projiziert die Vorstellung von einem eigenen und einem anderen. Es identifiziert sich mit jenem Körper. Dabei ist es, das Selbst, von seiner Natur her leer wie ein Spiegel. Es nimmt auf, was vorüber zieht.

Niemand kann sagen, woher die Gedanken kommen, seien es nun freie, wilde Gedanken, die einfach aufsteigen oder einfallen, seien es Gedanken, die innerlich errungen werden durch überlegen, durch Vergleiche und Abwägungen.

Sobald ein Körper-Selbst vorhanden ist, kämpfen die hundert Sorgen um ihr Vorrecht und die fünf Begierden (der Sinne) beeilen sich, ihre Ansprüche geltend zu machen." [12]

Jedem Po entspricht zudem eines der acht Trigramme. Das auf dem Mittleren Dan Tian liegende Li Po bekommt zwei Trigramme zugewiesen.

---

[12] Li Rong im Kommentar zum Dao De Jing, nach Kohn 2007

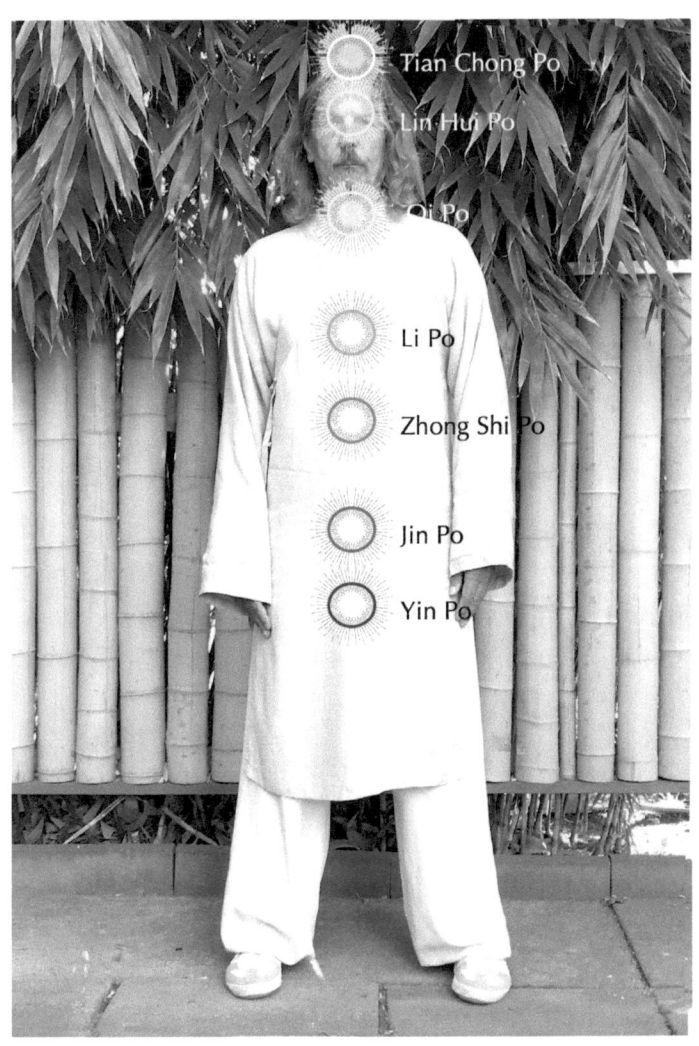

Tian Chong Po

Lin Hui Po

Qi Po

Li Po

Zhong Shi Po

Jin Po

Yin Po

Yin Po

Das Sanfte, der Wind
Das Sanfte
Bescheidenheit Gnade
Es ist förderlich, den Weg fortzusetzen
Es ist förderlich, den Weisen zu sehen

Das Sanfte ist die Übung der Tugend. Das Sanfte bewegt die Dinge hin und her, ohne sich zu zeigen. Das Sanfte empfiehlt Anpassungsfähigkeit. (Yi Jing)

Yin Po wird lokalisiert in dem Bereich des Punktes Hui Yin auf dem Damm zwischen Anus und Geschlecht. Es ist die Wurzel unserer Verkörperung, bringt uns ins Werden und Sein. Von hier richten wir uns auf und entwickeln Würde. Wir sind im Leben.

Die Ausgangsposition ist der schulterweite Stand. Das Steißbein hängt, der Nacken ist gestreckt, Bai Hui zeigt zum Himmel. Die Arme hängen, mit leicht nach außen gedrehten Ellbogen. Die Handflächen weisen in einem nach unten laufenden Winkel zueinander, die Finger zeigen zum Boden.

Jin Po

Das Empfangende, die Erde
Ursprüngliche Gnade
Förderlich ist die Hingabe der Stute
Der Weise setzt seinen Weg fort
Zuerst verirrt er sich
Später findet er einen Herrn
Es ist förderlich, im Südwesten Freunde zu finden
und Freunde im Nordosten zu verlieren
Ruhige Hingabe Glück

Die Natur von Erde ist Nachgiebigkeit. Sie ist reines Yin und äußerst weich; so gibt sie nach, um den Himmel zu stützen. (Yi JIng)

Jin Po wird vom unteren Dan Tian genährt. Seine Aufgabe ist es, Jing, die Essenzen, zu verwalten. Wir bekommen die Kraft, unser Leben in die Hand zu nehmen, es frei zu gestalten. Jin Po steuert die Bewegung, gibt uns Richtung und Ziel.

Aus der vorherigen Position nehmen wir lediglich die Ellbogen etwas nach außen und drehen leicht die Handflächen zum Körper hin. Die Arme formen einen Kreis.

Zhong Shi Po

Das Anhalten, der Berg
Ein Rücken wie ein Berg
Nicht am Selbst festhalten
Im Hof gehen die Menschen
nicht sehen
Kein Makel

Yang hält an über Yin, das ist „Das Anhalten". Berg bedeutet über sich selbst nachdenken, das ergibt das Bild des Rückens. (Yijing)

Zhong Shi Po steht in Verbindung zum Solar Plexus, der Mitte des Körpers, verbindet und reguliert alle sieben Po. Von hier wird die materielle Nahrung verteilt und das Körperbewusstsein geschaffen. Damit stimmen wir mit der Welt überein. Als geistige Kraft unterstützt Zhong Shi Po unsere Entscheidungen, hilft uns verstehen, was für uns richtig und falsch ist.

Die Ellbogen kommen etwas an den Körper ran, damit drehen die Hände nach vorne, stehen in 45 Grad zueinander mit den Handteller zum Solar Plexus weisend.

Li Po

Der Abgrund, das Wasser
Der Abgrund
Verpflichte dein Herz auf Vertrauen
Gnade
Handeln führt zu Erfolg

Ein Abgrund ist gefährlich und hat nichts mit Tugend zu tun; doch gerät man wiederholt in Gefahr, führt das zu Tugend. Die Mitte von Wasser ist fest und besitzt Vertrauen. Sich verpflichten bedeutet sich binden, und Erfolg bedeutet vereinigen. (Yijing)

Li Po steht in der Mitte der Brust, vereint mit dem mittleren Dan Tian. Hier verbinden sich Yin und Yang, Himmel und Erde. Unser Bewusstsein entsteht, das Wissen darum, das wir sind. Aber wo ein Wissen ist, ist auch ein Zweifel.

Ellbogen und Unterarme werden etwas gehoben, die Arme bilden einen Kreis. Die Fingerspitzen stehen zueinander.

Li Po

Das Scheidende, das Feuer
Das Scheidende
Hingabe ist förderlich
Eine Kuh ernähren

Feuer hat ursprünglich keine Substanz; es muß sich mit etwas verbinden, bevor eine Flamme entsteht. In gleicher Weise hat auch das Herz ursprünglich keine Form; es muß sich mit etwas verbinden, bevor sich der Geist zeigt. (Yijing)

Wo ein Zweifel ist, wird eine Entscheidung gefordert. Feuer in Li Po stärkt die Urteilsfähigkeit. So wie das Feuer die gebundene Energie frei setzt und nur die Asche zurück lässt. Das Wesentliche wird vom Unwesentlichen getrennt. Mit Feuer beginnt der Yang Zyklus.

Die Arme werden von der Schulter her gedreht, die Innenseiten kommen nach außen. Die Handflächen zeigen nach vorn. Es ist wichtig, den ganzen Arm zu ändern und die Bewegung über den ganzen Rücken, nach unten bis in die Fußsohlen zu spüren.

Qi Po

Der Austausch, die Marsch
Der Wechsel
Gnade
Hingabe ist förderlich

Empfinden Menschen Freude im Herzen, bedarf es keiner Worte. Das ist Freude unter Menschen. Herrscht innen und außen Freude, gibt es Gnade, doch bedarf es auch der Hingabe, denn Freude zerrinnt schnell. (Yijing)

Qi Po beherrscht den ganzen Bereich der Atmung, von der Nase bis in die Lunge. Der Atem ist unsere beständige Brücke zwischen Außen und Innen, verbindet uns mit der Welt. Qi Po lokalisieren wir im Zentrum unserer Sprechwerkzeuge. Hier vibriert der Atem und erzeugt Töne. Wir antworten und ehren mit unserer Sprache.

Die Ellbogen kommen etwas vor und die Hände neben den Hals. Sie weisen leicht nach oben, als würden sie den Kopf tragen oder heben wollen. Der Brustkorb öffnet sich, um mehr Atemqi aufnehmen zu können.

Lin Hui Po

Das Nährende, der Himmel
Ursprünglich
Gnade
Förderlich
Hingabe

Himmel ist kraftvoll, er offenbart die Natur des Yang in seiner reinsten Form. In endloser Zeugung begriffen, übt er seine Macht uneingeschränkt und ohne Unterlaß aus. Durch Vorangehen und Zurückgehen entsteht ein Kreislauf. (Yijing)

Lin Hui Po, das Obere Dan Tian erweitert unser Bewusstsein. Hinter der Stirn zwischen den Augen wird es auch das Dritte Auge genannt, denn wir können damit Dinge sehen, die sonst verborgen bleiben. Auch gibt es uns ein Gefühl für die Zeit.

Die Hände steigen am Kopf vorbei auf und bilden vor der Stirn mit den Daumen und Zeigefingern ein Dreieck.

Tian Chong Po

Das Erschüttern, der Donner
Das Erschüttern
Gnade
Der Donner kommt, grimmig, grimmig
Lachende Worte, fröhlich, fröhlich
Der Donner erschüttert hundert Meilen weit
Verliere nicht den Schöpflöffel für den Opferwein

Yang-Energie bricht plötzlich aus, das ist Das Erschüttern. Donner verursacht Furcht und Zittern, daher: grimmig, grimmig, und Donner kräht auch, daher: lachende Worte, fröhlich, fröhlich. (Yijing)

Auf dem Punkt Bai Hui sammelt sich die Yang Energie und bricht hervor. Es ist erschütternd und kann sowohl beängstigend als auch befreiend empfunden werden. Wer weiß das schon, der es nicht erlebt hat. Dao hat seinen eigenen Geschmack.

Die Arme strecken sich und die Handrücken drehen sich zueinander. Die Schultern bleiben locker, werden nicht gehoben.

Zum Schluss

Das Wesentliche und das Unwesentliche müssen klar unterschieden werden. Wem das Unwesentliche zu wichtig wird, dessen Haltung und Handlung wird maniert. Wer dem Wesentlichen nicht genug Wert beimisst, der treibt ziellos umher. Beide machen keine Fortschritte. In der Meditation heißt es, zum Kern zu kommen. Weder das Kissen noch der Kittel sind wichtig, weder, die Handhaltung noch wie oft man sich verneigt. Die Geisteshaltung ist ausschlaggebend, dass du nicht einschläfst und dass du nicht den Gedanken folgst, nicht am Körper haftest und nicht den Körper vernachlässigst.

„Wir besitzen alle die gleiche himmlische Natur; erst unser menschliches Herz macht uns verschieden. Das Herz wurde im Himmel geboren und den Menschen eingeprägt. Daher gibt es einen Unterschied zwischen dem himmlischen und dem menschlichen Herzen. Im himmlischen Herzen gibt es ein Grundprinzip, und haben alle teil daran, entsteht Einheit. Im menschlichen Herzen gibt es den Geist, und sind wir von unseren Leidenschaften besessen, entstehen die zehntausend Wege."[13]

Wer Dao im Herzen trägt, braucht nicht die Klassiker studieren. Wer die Klassiker versteht und ihnen folgt, braucht keinen Lehrer. Wer den Weisen nicht zu folgen vermag, der muss sich einen Lehrer suchen, der ihm auf die Finger schaut.

„Der Weise eint die Menschen mit dem Himmel und erklärt, wie man das Selbst loslassen kann. Denn der einzige Weg, das wahre Selbst zu erlangen, besteht darin, selbstlos zu sein; so werden die Trennungen aufgehoben, die unser menschliches Herz geschaffen hat, und die Vereinigung mit unserem himmlischen Herzen wird wieder hergestellt. (…) Das höchste Ziel des Weisen besteht darin, Menschen zusammenzuführen und eine Welt großer Einheit zu schaffen."[14]

Wer Dao nicht in sich trägt, die Klassiker nicht studiert und keinem Lehrer folgt, der vergeudet sein Leben.

---

[13] Yi Jing, Kap 13 Tong Ren, Gemeinschaft mit Menschen.
[14] ebenda

Edition 3 Säulen

bisher erschienen:

Zurückkehren zum Ursprung

Qigong der Wudangmönche

Die Sanfeng-Daoisten der Wudangberge im Herzen Chinas betreiben Kampfkünste und praktizieren ein spezielles Qigong. Ein Herzstück dieses Qigongs ist die Methode "Seiner Natur folgen - zurückkehren zum Ursprung".

Meister Yürgen Oster schildert den Ablauf dieser Übung als Bewegung, als körpermechanischer Vorgang und als energetischer Prozess. Zusätzlich erhalten die Leser ausführliche Informationen zum Daoismus.

Hardcover 124 Seiten
ISBN 978-3-2117-5639-3

Yi Jing
Das Buch der Wandlungen
neu übersetzt von Gia Fu Feng

Dieser uralte Text aus vor-daoistischer Zeit ist in Deustchland seit knapp 100 Jahren bekannt und wird von einer wachsenden Gruppe von Menschen als Ratgeber, Entscheidungshilfe und Meditationsbuch geschätzt.

Die vorliegende Ausgabe ist eine vollständige Übersetzung der Texte und Kommentare von 35 Gelehrten, die Kaiser Gian Long im Jahre 1760 in Auftrag gab.

Ins Deutsche übertragen von Sylvia Wetzel
Herausgegeben von Yürgen Oster

Hardcover 468 Seiten.
ISBN 978-3-7347-6701-2

Tai Ji Quan
Das Dao der Bewegung

Yürgen Osters Klassiker der Tai Ji Quan Literatur liegt nun in einer völlig überarbeiteten und erweiterten Fassung vor.

Das Buch, das jeder Tai Ji Quan Praktizierende bei sich haben sollte.

Als Hardcover mit vielen neuen Abbildungen.

ISBN 978-3735740229

Der Zwölfteilige Brokat

und alles andere

Man muss nicht alles wissen, was in diesem Buch steht, um die Qigong Übung des Zwölfteiligen Brokats zu lernen. Aber man muss auch kein Qigong machen wollen, um dieses Buch von Yürgen Oster mit Genuss zu lesen.

Hardcover 246 Seiten
ISBN 978-3-7322-8718-1

Seminare und China Reisen

in die Wudang Berge mit Yürgen Oster

www.wudang-dao.com